Le jardin des copains

par

Sylvie Schenk-Gonsolin

Cornelsen

Le jardin des copains

von
Sylvie Schenk-Gonsolin

Technische Umsetzung
Sabine Berndt

Grafik
Odile Herrenschmidt

annotiert von
Heidrun Havran

Coverfoto: fotolia/akkaradech 129307554

Handreichungen und Kopiervorlagen zur Lektüre für den Einsatz im Unterricht (als pdf zum Download) erhältlich unter 978-3-06-121674-0.

www.cornelsen.de

1. Auflage, 5. Druck 2017

Druck: AZ Druck und Datentechnik GmbH, Kempten

ISBN 978-3-464-07922-5

PEFC/04-31-2260

PEFC zertifiziert
Dieses Produkt stammt aus nachhaltig bewirtschafteten Wäldern und kontrollierten Quellen.

www.pefc.de

Mes copains

Dans ma classe, il y a 28 élèves. Ils ont entre 13 et 15 ans. Il y en a des gros, des maigres, des grands, des petits, il y en a qui ont des lunettes et d'autres qui n'en ont pas, il y a des bons en maths, des bons en français, des nuls en anglais, des nuls et des bons en tout ... C'est une classe de quatrième normale avec 15 filles et 13 garçons. Je suis une fille, avec des lunettes, assez bonne en dessin, en maths et en sciences naturelles, très moyenne pour le reste ... Je m'appelle Michèle.

J'ai trois copines et deux copains. Mes copines s'appellent Amélie, Christelle (pauvre Christelle, elle déteste son nom!), et Malika. Mes copains sont Simon et Paul.

Amélie est belle, blonde, elle a les yeux bleus, elle est toujours d'accord avec moi. Mais elle est malheureusement d'accord avec tout le monde. Ça m'agace. Elle lit beaucoup, elle me donne beaucoup de livres.

Christelle est très chouette, elle est brune avec de grands yeux verts. Elle a les cheveux très courts, comme un garçon, elle est sportive, joue au foot mieux que Paul et Simon, elle n'a pas peur des disputes, dit toujours ce qu'elle pense même aux profs.

Malika est une beurette. Elle a de beaux yeux noirs, elle est drôle, elle chante bien et elle sait imiter les chanteuses, je trouve qu'elle a une voix super. Simon et Paul sont des garçons et ont des défauts de garçons. Paul surtout qui est le plus grand de nous six. Il aime faire l'intéressant. Dans la rue, il parle très fort comme au théâtre et ça veut dire: Regardez-moi, comme je suis fort et intelligent. Mais il a bon cœur et il ne se moque jamais d'un garçon ou d'une fille qui a des problèmes. On ne peut pas dire ça de tous les élèves. Simon, lui, ne parle pas beaucoup. C'est un bon copain mais en fait, on ne le connaît pas. Il est là. C'est tout. Quand il n'est pas là, on demande: Mais où est Simon? Même s'il ne dit rien, il nous manque. Je n'ai pas encore découvert pourquoi.

Moi

J'ai un problème: je ne suis ni brune ni blonde. On ne sait pas si j'ai les yeux gris ou verts, je ne suis ni grande ni petite, ni jolie ni moche. Je suis une élève moyenne, je crois bien qu'on ne remarque pas vraiment mon absence. Mon prénom, Michèle, est banal. Je m'appelle comme ça, parce que mon père adore une actrice des années 80, Michèle Bernier. J'ai un grand défaut: Je raconte tout le temps des choses que j'invente, des histoires, des mensonges, si vous préférez. J'aime beaucoup ça. Ça donne des couleurs à la vie. Quelquefois, je parie avec mes copains que la personne à qui je mens va me croire. Il y a des gens qui croient tout ce que je leur raconte et d'autres qui ne me croient pas.

Je raconte des histoires intéressantes, pas des mensonges ridicules comme: «Madame, je n'ai pas pu faire mon devoir, parce que c'était l'anniversaire de ma tante Jocelyne», ou «Je n'ai pas appris mes leçons parce que j'avais mal à la tête». Ce genre de mensonge est trop banal. Non, je préfère dire: «Je n'ai pas fait mon explication de texte parce qu'il y a eu un drame à la maison. La police est venue arrêter mon frère. Alors vous comprenez, Madame, mes exercices de grammaire, eh bien, je n'ai pas pu m'y intéresser ... J'ai essayé mais ...» Et la prof de français: «Ma pauvre petite, qu'est-ce qu'il a fait ton frère?»

Moi: «Je ne sais pas exactement Madame, je crois qu'il a volé une voiture.»
La prof: «Mon Dieu! Mais pourquoi, pourquoi ...?»
Moi: «Pour cambrioler une banque, madame.» Là, je prends l'air triste, très triste ...
La prof: «Ma pauvre enfant, je comprends qu'en effet tes exercices de grammaire ...»
Ce mensonge-là, c'était un pari avec Paul et Malika. J'ai gagné un CD.
Mais pour la journée de rencontre parents-profs, ma mère est venue voir la prof de français. Et la prof lui a dit: «Votre petite Michèle est sensible. L'histoire de son frère a bouleversé cette enfant. Elle ne travaille plus ...»
Ma mère: «Quel frère?»
La prof: «Mais le frère qui ... enfin ... les voitures ... la banque ...»

Ma mère: «Excusez-moi, mais ma fille, c'est Michèle Sevran, vous savez une blonde, pas vraiment blonde, avec des lunettes.»
La prof: «Oui bien sûr, je sais qui est Michèle. Elle m'a dit que la police ... enfin ... son frère.»
La prof est très embêtée, elle ne veut plus parler de mon frère parce qu'elle pense que ma mère a honte. Mais ma mère pose des questions, veut tout savoir et bientôt elle connaît mon mensonge et la prof aussi.
Je vous laisse imaginer la scène quand ma mère est rentrée à la maison. Je n'ai pas de frère, pas de sœur non plus.

Ma rédaction

Aujourd'hui, lundi, 11 octobre, la prof de français nous a rendu les rédactions. Je suis moyenne en rédaction. Mais quand j'ai lu le sujet «Un enfant découvre un jardin mystérieux», j'ai eu l'inspiration. J'ai écrit des choses géniales. J'ai regardé des livres de botanique; les sciences naturelles et la botanique, j'adore ça, alors j'ai fait un texte super sur le mystère des plantes. Les autres ont inventé des histoires de fantômes ou de bandits.

Quand la prof a rendu mon devoir elle a dit: «Ma chère Michèle (ça veut dire qu'elle ne donne pas cher de votre peau), ton devoir est très beau. Où as-tu copié ce texte?»

Je suis devenue très rouge – ça ne m'arrive jamais quand je mens pour de vrai – et j'ai dit: «Mais non, madame, ce texte est de moi, je vous jure, c'est vrai.»

Et la prof: «Michèle, on peut me mentir une fois mais pas deux. Je n'ai pas noté ta rédaction. Mais tu vas la recommencer ici, en classe, sous mes yeux, lundi prochain.

– Mais Madame, c'est injuste, c'est MA rédaction, pour le nom des fleurs, j'ai regardé dans mes livres de botanique, mais c'est moi qui ai écrit le texte.

– Très bien, a dit la prof, nous allons voir ça lundi prochain.»

J'ai dit non. On ne va rien voir du tout. Pas question pour moi de refaire une rédaction.

«Non? a dit la prof. Eh bien, nous allons voir. Je vais appeler tes parents.»

Mes copains n'ont rien dit. Pendant la récréation, ils m'ont demandé:

«Alors c'est de toi ou non?

– C'est de moi, je le jure.

– Très bien, a dit Paul, alors, il faut faire quelque chose.

– Mais quoi? a demandé Christelle.

– On pourrait parler à la prof, a dit Malika. Lui dire que tu nous dis toujours la vérité.

– On pourrait dire qu'on a fait nos devoirs ensemble, a dit Amélie, et qu'on est témoins que tu n'as pas copié.

– Mais ce n'est vrai, ce n'est pas vrai!»

J'ai protesté, parce que ça, c'est le genre de vrai mensonge que je déteste.

«Depuis quand est-ce que tu ne veux plus mentir?» a dit Simon qui ne dit jamais rien.

Je suis encore devenue toute rouge et j'ai eu envie de pleurer.

Le mot «témoin» a donné une idée à Paul. Il a dit:

«On va faire un procès en classe, avec des témoins, l'avocat, qui veut faire l'avocat?

– Moi, a dit Malika qui veut devenir avocate ... Et le procureur c'est la prof.»

Cette idée ne m'a pas plu.

«Et la coupable, moi? Non et non! Je ne suis pas coupable.

– Parce que tu crois que tous les coupables sont coupables? a demandé Simon.

– On est en démocratie, a dit Malika. Le prof ne peut pas faire ce qu'elle veut. On a des droits.

– Des droits, des droits, a dit Amélie. On ne va pas faire la révolution pour une histoire de rédaction!

– Il faut apporter tes livres de botanique, a encore dit Simon. Il faut les montrer à la prof. Elle va voir que tu n'as pas copié ton texte dans ces livres.»

Je n'ai jamais vu Simon aussi bavard.

Paul, Malika, Christelle, Amélie et Simon sont allés voir la prof. Elle a été très gentille, elle a dit que la solidarité, c'est une très belle chose. «Mais il ne faut pas mentir, même par amitié», a-t-elle ajouté. «Et votre camarade a besoin d'une leçon.»

Malika a dit «merde» mais pas trop fort, comme ça, la prof n'a pas entendu.

La grève

Le soir, la prof a appelé ma mère. J'ai tout de suite compris. Ma mère aussi est devenue rouge, de honte pour moi et de colère contre moi.

Elle m'a dit: «Plus de smartphone jusqu'à Noël. Plus d'argent de poche.»

Mais je n'ai plus le droit de chatter sur mon smartphone et je n'ai plus d'argent de poche depuis l'histoire de mon «frère». Alors, elle a ajouté: «Et plus de mercredi après-midi avec tes copains. Le week-end non plus. Après l'école, tu rentres et tu ne sors plus.

– Jusqu'à Noël?

– Jusqu'à Noël. Et maintenant tu vas dans ta chambre et tu recommences ta rédaction.

– Je dois la recommencer lundi prochain, en classe. Et d'ailleurs, je ne veux pas la recommencer. Je n'ai pas triché.

– Eh bien, refais-la tout de suite, pour avoir des idées lundi.»

On est en octobre. Le smartphone, ça m'est bien égal, l'argent de poche aussi, mais les copains, c'est trop dur. Et trop injuste. Mais je n'ai pas pu dire trois mots. Dans ce genre de situation, on ne peut plus lui parler, à ma mère.

Dans ma chambre j'ai pris mes livres de botanique, j'ai lu des trucs sur les cactus, sur les roses, j'ai inventé un autre jardin, encore plus beau que le jardin de ma rédaction, mais pour moi, dans ma tête.

Deux heures après, ma mère et mon père (informé de mon nouveau «mensonge») sont venus dans ma chambre. Mon père m'a dit des choses assez dures et ma mère a demandé:

«Est-ce que tu as refait ta rédaction?

– Oui.

– Et où est-elle?»

Je n'ai pas répondu.

«Tu as refait cette rédaction? a redemandé ma mère.

– Oui.

– Encore un mensonge. Où est-elle?»

J'ai montré ma tête et j'ai dit: «Là».

Alors, elle a perdu la tête et elle m'a donné une gifle.

Et moi, j'ai décidé de faire la grève et de pas recommencer ma rédaction et de rester au lit. Et de ne plus aller à l'école.

Je reste au lit

Mardi: Quand le réveil a sonné, je suis restée au lit. Ma mère et mon père sont venus dans ma chambre, ils m'ont parlé, ils ont dit que bon, tout ça n'est pas si grave, viens, on va prendre le petit déjeuner ensemble et on ne parle plus de cette histoire. J'ai dit: D'accord on n'en parle plus. Mais je suis restée au lit.

La journée a été longue. Dehors, un soleil formidable. Mes camarades sont venus l'après-midi mais je suis restée au lit.

Je leur ai expliqué ma grève. Malika, Christelle et Paul trouvent que j'ai raison. Amélie, elle, trouve que j'exagère. Simon n'a rien dit mais il a emporté mes livres de botanique pour la prof. Malika est restée encore un moment. On a parlé musique. Elle a imité la chanteuse Amina pour me faire rire. Elle a chanté sa chanson: «C'est le dernier qui a parlé qui a raison ...»

Quand mes parents sont rentrés du travail, je suis restée au lit.

«On appelle le docteur? a demandé mon père.

– Tu vois bien qu'elle n'est pas malade, a dit ma mère. Mademoiselle joue la comédie. Allez, hop, viens manger.»

J'ai mangé avec eux mais après, je suis retournée au lit.

J'ai relu (dans ma tête) ma première et ma deuxième rédaction et j'en ai inventé une troisième (dans ma tête). Il y avait encore plus de roses, de cactus, et des baobabs et des animaux étranges entre les arbres et des coccinelles sur les fleurs ... Mon jardin devient magique.

Le mercredi, pas de cours l'après-midi et mes copains sont venus. Ils ont raconté des tas de choses sur l'école. Il y a un test de maths demain et j'ai travaillé avec eux, surtout pour aider Paul et Malika qui sont assez nuls en maths. Ils ont tout compris.

Simon n'est pas resté longtemps (il n'a pas besoin de mon aide en maths, il est aussi fort que moi). Il m'a dit: «J'ai parlé à la prof de français, je lui ai donné tes livres. Elle va les regarder.»

Simon a de beaux yeux verts.

Le jeudi mes parents ont appelé le docteur. Il m'a donné des vitamines. Ma mère et mon père sont inquiets, je le vois bien. Mon père a dit: «Ce soir, il y a un beau western à la télévision. Alors, puisque tu es malade, pour une fois, si tu veux ...»

J'ai dit: «Je ne veux pas.»

Et je suis restée au lit.

Un long week-end

Vendredi: Je pense toujours que j'ai raison, mais je ne sais plus quoi faire. Simon n'est pas venu, je ne sais pas pourquoi. Amélie non plus. Paul et Malika ont assez bien réussi le test de maths. Malika a essayé de m'apprendre «C'est le dernier qui a parlé qui a raison» en arabe. On a bien rigolé. Christelle m'a apporté des livres.

Samedi: Les journées sont vraiment très longues. Aujourd'hui j'ai lu Moby Dick. Super. Je repense tout le temps à ma rédaction. Je vis dans mon jardin mystérieux, j'y ai mis des plantes sous-marines, des coraux.

Les copains ont raconté que dans la classe il y a maintenant des paris. Les uns parient que je vais recommencer ma rédaction lundi, les autres parient que non. Les profs posent des questions. Il demandent si je suis vraiment malade. Malika – qui ne ment jamais – a dit: Oui, elle ne va pas bien du tout. Enfin mes copains sont arrivés sauf Paul et Christelle qui sont au foot.

«La prof a dit que tu n'a pas copié sur les livres de botanique, a dit Simon, seulement le nom des plantes et ça c'est bien.

– Tu n'es pas allé au foot?

– Non, pas envie.

– Elle croit que j'ai copié sur un autre livre?

– Qui? La prof? Je ne sais pas, je crois qu'elle ne sait plus bien, mais tu ne peux pas rester au lit toute ta vie, a dit Simon. Lundi tu reviens à l'école, d'accord?

– Moi je trouve que Michèle a raison, a dit Malika. Elle n'a pas triché. Elle ne doit pas recommencer cette rédaction. C'est une question de principes.

– Et moi je trouve qu'elle exagère a dit Amélie. Vous faites des histoires pour rien.

– POUR RIEN? a crié Malika.

– Pour presque rien. Et puis c'est la faute de Michèle. Quand on raconte toujours des salades, les gens ne vous croient plus.»

Malika a dit à Amélie qu'elle était une briseuse de grève. Et moi, je n'ai rien dit. Mais je crois qu'Amélie n'est plus ma copine.

«Michèle, a encore dit Simon, reviens lundi.

– Pour refaire cette rédaction?

– Oui, a répondu Simon. Tu veux prouver que tu peux, toi, toute seule, écrire un texte comme ça. Alors, fais-le.»

Quand ils sont partis, j'ai pleuré. Pas parce qu'Amélie n'est plus d'accord avec moi. Elle a peut-être raison, mais je n'aime pas comme elle dit les choses. Et j'ai pleuré aussi parce que je ne sais plus ce que je dois faire. Le soir, maman est venue dans ma chambre et elle m'a fait une bise. Elle a dit: «Michèle, tu as un caractère de chien, comme moi. Viens on mange.»

J'ai mangé avec eux et je suis retournée au lit. Et j'ai encore pleuré, parce qu'il y avait un super film de Woody Allen à la télé, parce que les parents sont aussi tristes que moi, parce que demain c'est dimanche et après-demain lundi. Et que je ne sais toujours pas ce que je vais faire.

Le jardin des copains

Lundi, 18 octobre. Ce matin, on a sonné à la porte à sept heures et demie. J'étais au lit, décidée à dormir et à dormir et à dormir. Ma mère et mon père étaient furieux, déprimés, tout quoi. Ma mère a ouvert et Simon, Christelle, Paul et Malika sont entrés:
«On vient chercher Michèle.»
J'ai bu un verre de lait et j'ai sauté dans mon jeans.
Quand on est entrés dans la classe, tout le monde m'est tombé dessus:
«Alors, tu la refais ta rédaction?
– Non, non, a dit quelqu'un, surtout pas, j'ai parié 10 euros!
– Pauvre con», a dit Simon, qui est toujours poli. Et il m'a demandé. «Alors qu'est-ce que tu as décidé?
– Je vais lui décrire un jardin mystérieux, tu vas voir, j'en ai dix dans ma tête, tous plus beaux que le premier, elle va s'y perdre.»
La prof est arrivée.
«Bonjour Michèle, ça va mieux? Bien. Tout le monde prend son livre de grammaire. Toi, Michèle, tu prends une feuille blanche. Je te donne un autre sujet, très facile: Mes copains et moi.»
Un autre sujet! «Merde», a dit Malika (mais pas fort, la prof n'a pas entendu).
Alors j'ai parlé de mes copains: J'ai raconté l'histoire

de la rédaction sur le jardin mystérieux et de la prof qui ne m'a pas crue, j'ai parlé des copains qui sont venus tous les jours chez moi, j'ai parlé de Malika qui imite si bien la chanteuse Amina et de Paul qui aime tant le foot, de Simon qui ne dit jamais rien sauf quand il faut, d'Amélie qui n'aime pas les drames, de Christelle qui m'a prêté Moby Dick et dans ma rédaction, je me promène dans un beau jardin avec mes copains, et dans ce jardin, il y a des roses, des cactus et des plantes d'eau, et Malika, Simon et les autres. Et tous savent que j'aime inventer des histoires, mais que je ne suis pas une menteuse. Et j'ai appelé cette rédaction «Le jardin des copains».

GRAMMAIRE

Das *imparfait*

Das *imparfait* ist eine Zeit der Vergangenheit, die hauptsächlich zur Schilderung eines Handlungshintergrundes verwendet wird. Man bildet das *imparfait*, indem man an den Stamm der 1. Person Plural Präsens die jeweiligen *imparfait*-Endungen anhängt:

	regarder	finir	battre
je	regardais	finissais	battais
tu	regardais	finissais	battais
il/elle/on	regardait	finissait	battait
nous	regardions	finissions	battions
vous	regardiez	finissiez	battiez
ils/elles	regardaient	finissaient	battaient

Ausnahmen, die im Text vorkommen:

il était (*imparfait du verbe* être)

VOCABULAIRE

Abkürzungen:

f.:	féminin	*inf.:*	infinitif	qc:	quelque chose	*pl.:*	pluriel
fam.:	familier	*m.:*	masculin	qn:	quelqu'un		

A

un/e **acteur/actrice** Schauspieler/-in
agacer qn jdn ärgern
l' **amitié** *f.* **(par amitié)** aus Freundschaft
arrêter qn jdn festnehmen, verhaften
aussi fort que moi *ici:* genauso gut wie ich
avais (j'avais) *imparfait* ich hatte

B

la **banque** Bank
le **baoab** Affenbrotbaum
bavard/e geschwätzig

la **beurette** *umgangssprachlich für in Frankreich aufgewachsene junge Araberin*
boire qc etw. trinken
la **botanique** Pflanzenkunde
bouleverser qn jdn völlig durcheinanderbringen
le/la **briseur/-se de grève** Streikbrecher/in

C

le **cactus** Kaktus
cambrioler qc in etw. einbrechen
un **caractère de chien (avoir un caractère de chien)** *fam.* dickköpfig sein, einen Dickschädel haben
la **coccinelle** Marienkäfer
la **colère** Zorn, Wut
le/la **con/ne (pauvre con)** *vulgär: Dummkopf*
copier qc etw. abschreiben
le **corail** *pl.* **coraux** Koralle
le/la **coupable** Schuldiger/-e, Täter/in
court/e kurz
croire qc etw. glauben

D

d'ailleurs übrigens
décidé/e (être décidé/e à + *inf.*) entschlossen sein, etw. zu tun
décider de + *inf.* beschließen, etw. zu tun
décrire qc etw. beschreiben
le **défaut** Fehler
déprimé/e traurig, deprimiert
devoir + *inf.* etw. tun müssen
les **droits** *m./pl.* Rechte
la **dispute** Streit

E

elle ne donne pas cher de votre peau sie hält nicht viel von euch
embêté/e (la prof est très embêtée) es ist ihr sehr peinlich
emporter qc etw. mitnehmen
en fait in Wirklichkeit, tatsächlich
était (c'était) *imparfait* das war
étrange seltsam

exagérer qc etw. übertreiben
une **explication de texte** Textinterpretation

F

le **fantôme** Gespenst
la **feuille blanche** weißes, unbeschriebenes Blatt
furieux/-se wütend

G

genre (ce genre de) diese Art von
la **gifle** Ohrfeige
grave schlimm
la **grève** Streik

H

la **honte (avoir honte)** sich schämen

I

il y avait *imparfait* es gab
imiter qn jdn imitieren, nachahmen
informer qn de qc jdn von etw. unterrichten, in Kenntnis setzen
inquiet/-ète besorgt
une **inspiration** Eingebung
inventer qc etw. erfinden

J

le **jardin** Garten
jurer qc etw. schwören

L

laisser qc etw. lassen
long/ue lang

M

magique magisch, zauberhaft
le/la **maigre** der/die Dünne
malheureusement unglücklicherweise
manque (il nous manque) er fehlt uns
le **mensonge** Lüge
mentir lügen
merde *vulgär:* Scheiße
mieux que besser als
moche häßlich
se moquer de qn/qc sich über jdn/etw. lustig machen
le **mystère** Geheimnis
mystérieux/-se geheimnisvoll

N

ni ... ni weder ... noch
noter qc etw. benoten

P

le **pari** Wette
parier wetten
pas question de + *inf.* es kommt nicht in Frage, etw. zu tun
pauvre arm
se perdre dans qc sich in etw. verlieren
plaire gefallen
la **plante** Pflanze
la **plante d'eau** Wasserpflanze
pleurer weinen
plus beaux que schöner als
poli/e höflich
pourrait (on pourrait) *conditionnel* wir könnten
prendre l'air triste ein trauriges Gesicht machen

prêter qc à qn jdm etw. ausleihen
le **principe** Prinzip, Grundsatz
le **procès** Prozeß
prochain/e nächste/r/s
le **procureur** Staatsanwalt
prouver qc etw. beweisen

Q

quelquefois manchmal

R

raconter des salades Geschichten erzählen
repenser à qc an etw. zurückdenken
revenir wiederkommen
ridicule lächerlich
rigoler lachen

S

sauf außer
sauter springen
sensible sensibel, empfindlich
si 1. ob 2. so
le **soleil** Sonne
sonner klingeln, läuten
sortir weggehen
sous-marin/e Untersee-
surtout pas bloß nicht

T

tant so sehr
le/la **témoin** Zeuge/-in
tomber (tout le monde m'est tombé dessus) alle sind über mich hergefallen
tout ce que alles, was
tricher mogeln, schummeln
le **truc** Ding

V

la **vérité** Wahrheit
voler qc etw. stehlen